Ein Heft für deine Geschichten

In dieser Lernhilfe lernst du, wie man Texte schreibt. Wenn du dir ein **Geschichtenheft** anlegst, gehen diese Texte nicht verloren. Du kannst sie deinen Eltern, Großeltern, Geschwistern oder Freunden vorlesen. Außerdem zeigt dir das Heft deine Fortschritte und vielleicht wirst du, wenn du älter bist, manchmal darin lesen.

Besorge dir ein Heft, bemale es oder binde es mit Geschenkpapier ein. In der Mitte dieser Lernhilfe findest du auch **Bilder zum Ausschneiden**, mit denen du dein Geschichtenheft gestalten kannst.

Ich stelle mich vor: Einen Steckbrief schreiben

Hallo, ich bin Rosi, die Waldmaus. Ich begleite dich durch dieses Heft und gebe dir Tipps, die dir beim Schreiben helfen. Ich hoffe, es macht dir Spaß, mit mir zu arbeiten.

Hier hat Rosi einen Steckbrief aufgeschrieben, in dem sie sich kurz vorstellt:

Ich heiße Rosi Haselnuss.

Ich bin ein Jahr alt.

Ich kann gut springen und schnell laufen.

Mein bester Freund heißt Schlappohr.

Wie ich den gefunden habe, erzähle ich dir später.

1 Stelle du dich nun vor!

Hier kannst du ein Bild von dir malen oder einkleben!

▶ Wie **heißt** du?

Ich heiße ______________________.

▶ Wie **alt** bist du?

Ich bin ______________________.

▶ Was **kannst** du gut?

Ich kann gut ______________________.

▶ Wie **heißen** deine besten **Freunde**?

Meine besten Freunde heißen ______________________

______________________.

▶ In welche **Schule** gehst du und in welche **Klasse**?

Ich gehe ______________________

______________________.

(Eine Lösung findest du unter **1** im herausnehmbaren Lösungsteil nach Seite 38.)

2 Dein **Steckbrief** darf auch etwas länger werden.
Schreibe doch auf,

1. was du gerne **isst**,
2. welches Buch du gerade **liest**,
3. was deine **Lieblingstiere** sind,
4. welchen **Sport** du besonders **magst**.

Lies dir deinen Steckbrief selbst vor. Hört er sich gut an?
Hast du vielleicht ein Wort **vergessen**?
Lies ihn auch deinen Eltern vor und frage, was du verbessern kannst.

3 Dies ist ein Steckbrief der Waldmaus.
Schreibe die **Verben** (Tunwörter) passend in die Lücken.
Streiche die Wörter durch, die du eingesetzt hast.

fressen - putzen - ~~leben~~ - fürchten - gehen - schwimmen - bauen - klettern

Ich **lebe** allein. Meistens ________ ich nachts auf Nahrungssuche. Am liebsten ________ ich Samen, Kräuter und Nüsse. Ich bin sehr reinlich und ________ täglich mein Fell. Ich kann sogar im Wasser ________ und auf Bäume ________. Mein Nest ________ ich weit unter der Erde. Ich lebe am Waldrand, denn ich ________ mich vor dem tiefen Wald. So sind wir Waldmäuse eben.

4 Kannst du Rosis Aussehen beschreiben?
Sieh dir ihr Bild genau an! Wie sieht sie aus?
Welche **Farbe** hat ihr **Fell**?
Beschreibe ihre **Ohren**, ihre **Hose**,
ihren **Schwanz**.

Rosis Fell ist ______________________.

Ihre Ohren sind ______________________.

Sie trägt eine ______________________ Hose.

Ihr Schwanz ist ______________________.

5 Und wie siehst du aus? Schau in den Spiegel. Was gefällt dir an deinem Gesicht? Schreibe zwei ganze Sätze auf.

Ich habe ______________ Augen und ______________

Haare. Besonders mag ich an mir ______________

____

Nun hast du mit Aufgabe **1**, **2** und **5** einen Steckbrief über dich geschrieben. Wenn du Lust hast, kannst du ihn vollständig in dein **Geschichtenheft** schreiben.

Mein bester Freund

6 Nun kannst du einen Steckbrief über deinen besten Freund oder deine beste Freundin anlegen. Schreibe möglichst **ganze Sätze**.

Hier kannst du ein Bild von deinem Freund/deiner Freundin malen oder einkleben!

Mein bester Freund/meine beste Freundin heißt:

Er/Sie ist ______ Jahre alt.

Das mag ich an ihm/ihr:

Das kann mein Freund/meine Freundin besonders gut:

Das machen wir miteinander:

Geschichten erzählen

Wenn ich einmal groß bin ...

Sophie und Maximilian haben aufgeschrieben, wie sie einmal leben wollen, wenn sie erwachsen sind.

Das hat **Sophie** geschrieben.

> Wenn ich groß bin, studiere ich. Ich werde Richterin und bestrafe Autofahrer, die rasen und damit Tiere und Menschen in Gefahr bringen. Später suche ich mir einen Mann, der Koch ist. Der macht dann leckeres und gesundes Essen. Und abends bleibe ich so lange auf, wie ich will.

Und das ist **Maximilians** Text:

> Wenn ich erwachsen bin, mache ich alles, was ich jetzt nicht darf. Ich kaufe mir einen Bauernhof mit Schafen und Schweinen. Die dürfen dann an die frische Luft, so oft sie wollen. Vielleicht heirate ich auch. Ob ich Kinder will, weiß ich noch nicht, weil die immer so laut sind. Ich kaufe mir auch einen Hund. Mit dem frühstücke ich jeden Tag.

7 Wie willst du einmal leben, wenn du erwachsen bist? Schreibe es in dein **Geschichtenheft**.

Kleine Erlebnisse

Auch wenn man noch nicht groß ist, erlebt man viele schöne Tage mit **kleinen, schönen Erlebnissen**.

Ein schönes Erlebnis ist es,
wenn ich eine große, leckere Nuss
finde.

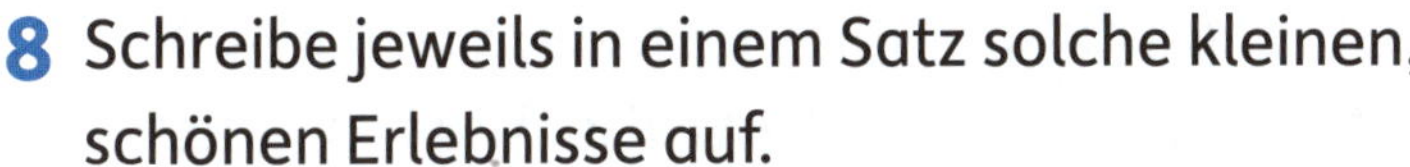

8 Schreibe jeweils in einem Satz solche kleinen, schönen Erlebnisse auf.

1.

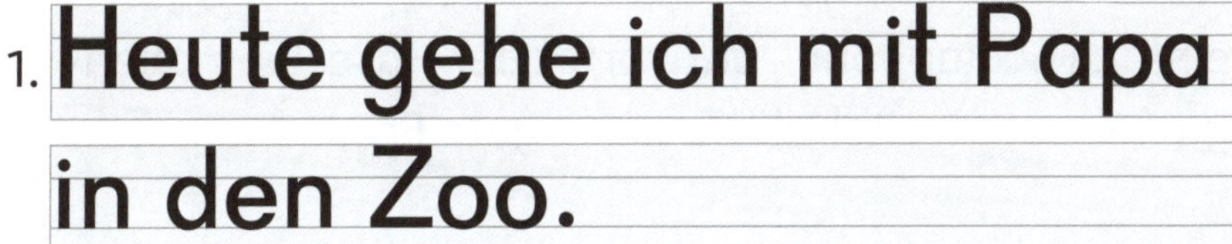

2.

3.

Rosi und Schlappohr

▶ Lies die Geschichte, wie Rosi einen Freund gefunden hat.

Rosi läuft im Wald herum, um Nüsse zu suchen. Nüsse isst sie nämlich für ihr Leben gern. Plötzlich saust ein Hase dicht an ihr vorbei und ein schwarzer Hund hinterher. Da erschrickt Rosi furchtbar. Wie staunt sie, als nach einiger Zeit ein liebes Hasengesicht hinter einem Baum hervorschaut. Erfreut sagt Rosi: „Oje, da bist du ja! Ich hatte große Angst um dich. Ich heiße Rosi, und wie heißt du?“ „Schlappohr, ganz einfach Schlappohr“, antwortet der Hase. Sie ziehen gemeinsam weiter und werden gute Freunde.

9 Schreibe nun eine Geschichte, wie Schlappohr von dem Hund verfolgt wird.

▶ Bilde aus den vorgegebenen Stichwörtern **vollständige** Sätze. Denke daran: Am Satzanfang schreibst du **groß**, am Ende des Satzes steht ein **Punkt**!

ein schwarzer Hund - verfolgen - Schlappohr

Ein schwarzer Hund verfolgt

der Hund - kommen - näher und näher

Schlappohr - fliehen - Wiese

Schlappohr fl

er - springen - immer - hin und her

bald - werden - der Hund - müde - umkehren

10 Die Geschichte von Aufgabe **9** sollte nicht plötzlich enden. Sie braucht einen **Schluss**. In dem könnte stehen, wie es Schlappohr geht, als der schwarze Hund aufgibt.

▶ Schreibe einen Satz dazu auf.

Bald wird der Hund müde und kehrt um.

Zu jeder Geschichte gehört eine Überschrift!

11 Die **Überschrift** muss zu einer Geschichte **passen**. Sie darf nicht zu viel verraten und soll **neugierig** machen.

▶ Unterstreiche **eine** Überschrift, die am besten zu dieser Geschichte passt und den Leser neugierig macht:

Noch einmal gut gegangen

Rosi wird von einem Hund verfolgt

Eine Maus und ein Hase im Wald

Zu einem Bild schreiben

In diesem Bild verstecken sich kleine Geschichten, die man in **einem** Satz aufschreiben kann.
Hier sind zwei Beispiele:

Miriam, Lina und Rafael spielen hinter der Hecke.

Über Tom flattert ein blauer Schmetterling.

12 Schreibe vier solcher Geschichten in dein **Geschichtenheft**.
Diese **Verben** (Tunwörter) helfen dir dabei:

beobachten - jagen - verstecken - füttern - trinken

Das Amselkind

13 Zur folgenden Bildergeschichte hat Jonas Sätze aufgeschrieben, allerdings durcheinander.

- Schreibe jede **Bildnummer** zu einem passenden Satz.
- **Zwei** Sätze passen nicht zu den Bildern. Streiche sie durch!

☐ Mia kniet sich dicht vor das kleine Tier.

☐ Die Amselmutter kümmert sich nicht um ihr Junges.

☐ Dann geht Mia weiter weg und die Amsel füttert ihr Junges.

☐ Als Mia die Amsel nehmen will, fliegt sie weg.

☐ Mia geht zur Schule.

☐ Mia sieht eine junge Amsel, die auf der Wiese liegt.

14 Schreibe jetzt die Geschichte in der **richtigen Reihenfolge** in dein **Geschichtenheft**.
Wo es passt, kannst du **Mia** durch **sie** ersetzen.

Das solltest du wissen:
Jungvögel, die auf dem Boden liegen, sind nicht immer in Not. Oft haben sie absichtlich ihr Nest verlassen, können aber noch nicht fliegen. Deshalb betteln sie vom Boden aus um Futter. Ihre Rufe zeigen den Vogeleltern, wo sie sich befinden. Mia hat sich richtig verhalten. Sie hat sich von der Amsel entfernt und so den Vogeleltern das Füttern ermöglicht. Also erst einmal: Hände weg von Jungvögeln!

Olga verschwindet

▶ Lies dir zunächst die Geschichte durch.

Malte und Ole wollen eine Flugmaschine bauen. In einer alten Hütte haben sie lange gesammelt, was andere Leute wegwerfen: Eisen- und Plastikteile, alte Räder, Schläuche, Elektronikschrott und vieles andere. Eines Tages sagt Ole: „Heute fangen wir an." Und Malte meint: „An Ostern sind wir fertig, da bin ich mir sicher."
An Pfingsten ist die Flugmaschine wirklich fertig. Sie heißt Olga. „Heute macht sie ihren Probeflug auf der Wiese", sagt Malte.
Es klappt. Mit ohrenbetäubendem Lärm schießt Olga wie eine Rakete nach oben. Sie wird kleiner und kleiner, bis man sie nicht mehr sieht. Wo ist sie nur geblieben?
Malte sagt zu Ole: „Ich fürchte, Olga ist weg. Wir haben sie umsonst gebaut."

15 **Wer** kommt in der Geschichte vor? Es sind nur zwei Personen. Unterstreiche sie rot. Schreibe die Namen auf:

16 **Wo** spielt die Geschichte? Unterstreiche die beiden Orte blau und schreibe sie auf:

17 Schreibe auf, **wann** Olga fertig ist.

____

18 Um **was** geht es in der Geschichte?
Ergänze den Lückentext.

Es geht um die beiden Jungen __________ und __________, die sich aus Schrottteilen eine __________ bauen. Leider V__________ diese nach dem geglückten Start für immer.

Eine Kaugummigeschichte

Rosi liebt Kaugummis. Das sieht jeder.

19 Sieh dir die Bildergeschichte genau an.
Lies auch, was auf dem letzten Bild steht.

▶ Welche **Einleitung** passt zur Geschichte? Kreuze sie an und schreibe sie in dein **Geschichtenheft**. (Lass darüber eine Zeile Platz!)

◯ Rosi ist allein zu Hause. Sie hat Lust auf einen Kaugummi, weil sie keinen findet, holt sie sich ein Lutschbonbon.

◯ Rosi liebt Kaugummis, weil man sie aufblasen kann. An einem Nachmittag ist sie allein zu Hause. Sie holt sich einen Kaugummi und kaut lange darauf herum.

Diese Fragen helfen dir, wenn du eine Einleitung schreibst: **Wer** macht etwas? **Wo**? **Wann**? **Was**?

20 **Erzähle** nun in vier oder fünf vollständigen Sätzen, **was** du auf den **Bildern siehst**. (Schreibe es nach der Einleitung in dein Geschichtenheft.) Beginne so:

Schließlich macht Rosi eine Blase
und pustet immer mehr Luft hinein. ...

21 Die Geschichte ist mit dem letzten Bild noch nicht zu Ende. **Schreibe** sie jetzt **weiter** bis zum **Schluss**.
(Schreibe dort weiter, wo du bei Aufgabe **20** aufgehört hast.) Beginne so:

Oje! Was soll Rosi bloß tun? Sie schreit: ...

22 Zu deiner Geschichte gehört noch eine Überschrift.
Hier sind drei Vorschläge:

- ◯ Rosi bläst einen Kaugummi auf
- ◯ Vom Kaugummi eingeklemmt
- ◯ Rosi mag keine Kaugummis

▶ Kreuze **grün** an: Eine Überschrift, die **passt**, weil sie den Leser **neugierig** macht.

▶ Kreuze **blau** an: eine **langweilige** Überschrift.

▶ Kreuze **rot** an: eine **falsche** Überschrift.

▶ Schreibe nun die **grün** angekreuzte Überschrift **über deine Geschichte**. Sieh zunächst im Lösungsteil nach!

Und jetzt?
Ja, und jetzt solltest du
deine Geschichte **überarbeiten**.

23 So kannst du deine Geschichte überarbeiten:

Du liest sie dir selbst laut vor und achtest darauf,

- ob in einem Satz ein Wort fehlt.
- ob sich ein Satz falsch anhört. Wenn du nicht weißt, warum, dann frag jemanden, der gerade bei dir ist.
- ob ein Satz dabei ist, der nicht zur Geschichte passt.
- ob du am Satzanfang großgeschrieben und am Ende einen Punkt gemacht hast.

- Lies deine Geschichte Mama oder Papa vor.
- Nun kannst du die ganze Geschichte mit Überschrift nochmals verbessert in dein **Geschichtenheft** schreiben.

Ich bin mir sicher, es ist eine schöne
Geschichte geworden!

Eine Geschichte über Freunde

Nach der Schule gehen David und Sebastian zum Schlittenfahren. Immer wieder ziehen sie ihre Schlitten den Berg hinauf und sausen hinunter. Jetzt sind sie müde. Sie setzen sich auf einen Schlitten und ruhen sich aus. „Ich möchte nach Hause“, sagt Sebastian, „und du musst mich ziehen, weil du mein Freund bist.“ Doch David nimmt seinen Schlitten und geht allein nach Hause. Auch er ist müde. Um Sebastian kümmert er sich nicht mehr. David ist kein guter Freund.

24 Ist dir etwas aufgefallen? Von welcher **Zeile** an passt der Text **nicht** mehr zum **zweiten** Bild? Zeile ☐

25 Erzähle nun die Geschichte richtig zu Ende. Schreibe sie in dein **Geschichtenheft**.

Eine Fluggeschichte

Die Waldmaus Rosi und Hase Schlappohr bekommen Besuch von ihrem Freund, dem Bären Bruno. Er hat Luftballons mitgebracht.

26 Nummeriere die Bilder in der richtigen Reihenfolge.

27 Schreibe mit Hilfe der **Stichwörter** zu jedem Bild **einen** vollständigen **Satz** in dein Geschichtenheft.

1. Bruno Luftballons mitbringen

2. Rosi alle Luftballons halten

3. Rosi mit Luftballons davonschweben

4. Schlappohr flattert mit Ohren, Rosi nachfliegen und sicher zur Erde zurückholen

5. jetzt Rosi glücklich – nur ein Luftballon

Das ist ja noch einmal gut gegangen! Übrigens auf der nächsten Seite geht's weiter!

28 Mit **einem** Satz kannst du die Geschichte von Bruno, Rosi und Schlappohr **einleiten**.

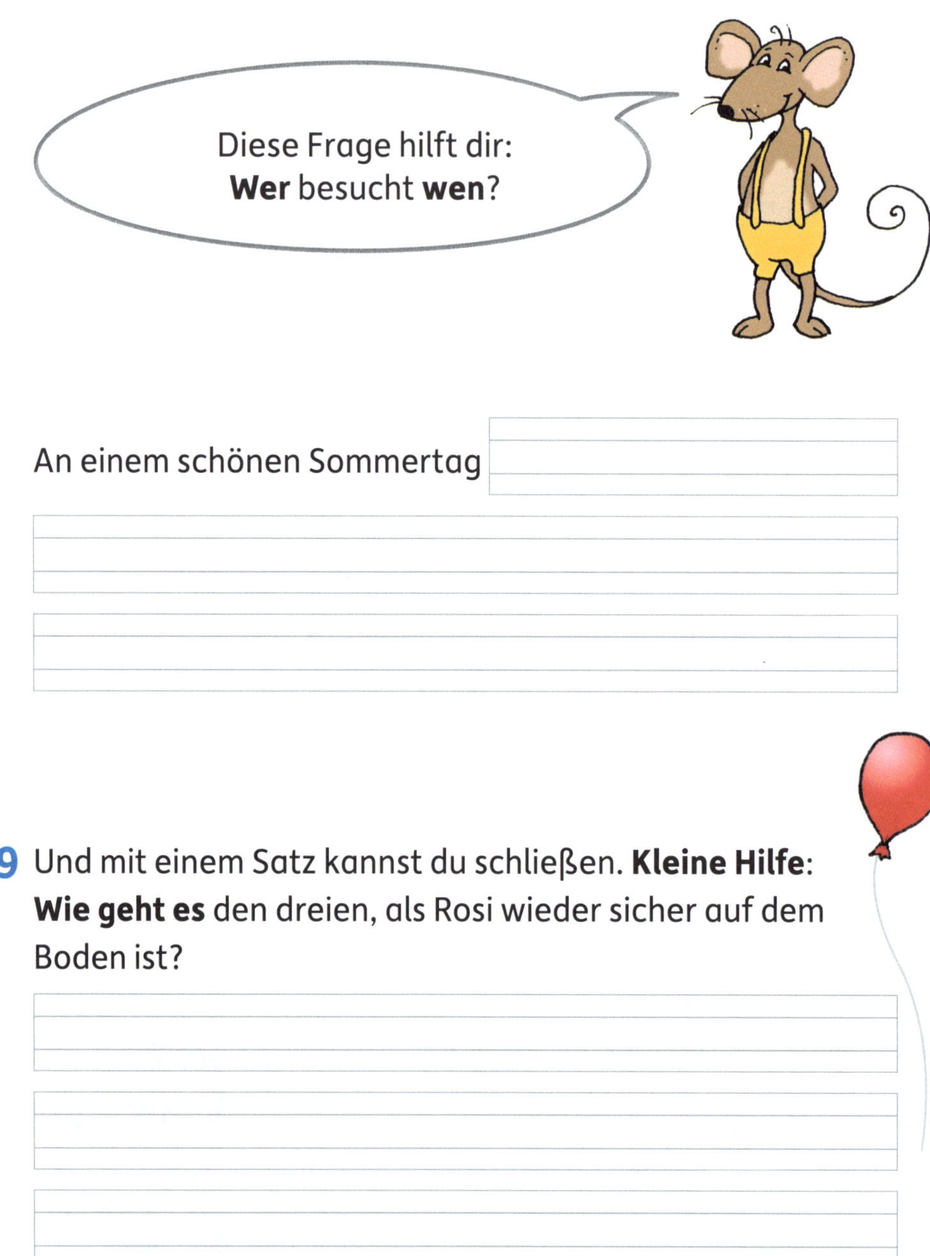

An einem schönen Sommertag

29 Und mit einem Satz kannst du schließen. **Kleine Hilfe**: **Wie geht es** den dreien, als Rosi wieder sicher auf dem Boden ist?

30 Kannst du dir eine **Überschrift** zu dieser Fluggeschichte ausdenken?

▶ Lies, wie Luise ihre Bildergeschichte anfängt, und denke darüber nach. Du kannst den Anfang auch Papa, Mama oder Freunden vorlesen und mit ihnen darüber sprechen.

An einem schönen Sommertag besucht **Bruno** seine **beiden Freunde**. Er bringt ihnen **ein schönes Geschenk** mit.

31 Wer die Bildergeschichte nicht kennt, wird zu den **rot** gedruckten **Wörtern** etwas **fragen**. Was?

Diese **Fragen** wird der Leser stellen zu

Bruno: ________________________________

____?

Freunde: ______________________________

____?

Geschenk: _____________________________

____?

So hat Luise ihre Geschichte fortgesetzt:

Rosi freut sich und will alle allein halten. Doch sie ist zu leicht und schwebt davon. Die beiden haben es sich in ihren Liegestühlen gemütlich gemacht. Schlappohr holt Rosi zurück. Sie weint, weil sie nicht mehr alle Luftballons selbst halten darf. So ein lustiger Sommertag.

32 Ein Satz steht an der **falschen** Stelle. Unterstreiche ihn!

33 Ein Satz **stimmt nicht**, weil er nicht zu den Bildern passt. Streiche ihn durch! Überlege, welcher Satz stattdessen passt!

34 Diese Überschrift hat sich Luise überlegt: **Pech gehabt**
Passt sie oder passt sie nicht? **Begründe** deine Meinung:

Wörtliche Rede: Rosi, Schlappohr und der Bär Bruno

35 Die nächste Geschichte handelt davon, wie Rosi und Schlappohr Bruno kennengelernt haben. Hier steht, was sie dabei geredet haben:

Hab keine Angst vor uns!
Du bist kein Bär, sondern ein Angsthase.
Ich bin ein Bär und heiße Bruno.
Piep! Wer bist du denn?

▶ Füge die wörtlichen Reden **aus dem blauen Kasten** in der richtigen Reihenfolge in den Text ein!

Rosi und Schlappohr kommen zu einer Höhle, in der jemand feststeckt. Nur sein Hinterteil schaut heraus.

Rosi **fragt**: „______________________“

Jetzt schiebt sich der Dicke langsam aus der Höhle. Er zittert, obwohl er groß und stark ist.

Schlappohr **beruhigt** ihn: „______________________

____

Da **sagt** der **Dicke**: „______________________

______________________“

Schlappohr aber **meint:** „ ______________________

____“

Das stimmt, denn Bruno fürchtet sich vor allem, besonders vor Gewittern, weil es dann blitzt und schrecklich kracht.

36 Schreibe die Geschichte **weiter**. Du könntest schreiben,

1. dass Bruno bei Rosi und Schlappohr **bleiben möchte** und
2. dass sie gemeinsam **weiterziehen**.

▶ Schreibe **zwei** Sätze ins Geschichtenheft. Das ist der Schluss der Geschichte.

So kannst du jeweils beginnen:

Bruno möchte ...
Schließlich ziehen sie ...

Wörtliche Rede: Lotta will Bestimmerin sein

▶ Lies dir die folgende Geschichte durch!

Emily mag Lotta. Lotta ist ihre beste Freundin. Aber manchmal mag sie Lotta nicht. Wenn sie wieder einmal alles bestimmen möchte, dann mag sie Lotta nicht. Sie ist aber trotzdem ihre Freundin. Emily schlägt vor: „Spielen wir Ball." Aber Lotta schnattert: „Nein, wir spielen jetzt Puppen." Also spielen sie Puppen, aber vorher sagt Emily noch: „Immer bist du die Bestimmerin." Lotta tut, als hörte sie nichts. Doch sie ist nicht schwerhörig. Nach einer Weile, wenn Emily das Puppenspielen auch Spaß macht, sagt Lotta: „Jetzt spielen wir Ball." Da nimmt Emily den Ball und wirft ihn Lotta an den Kopf. Aber es ist nur ein weicher Softball, und es tut überhaupt nicht weh. Trotzdem ...

37 Du hast gemerkt, dass die Geschichte noch **nicht** zu Ende ist. Dazu kommen wir **später**. Wie in den meisten Geschichten wird auch in dieser **geredet**. Einmal redet **Emily**, einmal **Lotta**.

▶ Unterstreiche **blau**, was Emily redet, **rot**, was Lotta sagt.

38 Jetzt sollst du das Ende der Geschichte erfahren.
Du erinnerst dich: **Emily hat Lotta den Softball an den Kopf geworfen.** Wenn du die Fortsetzung liest, wirst du feststellen: Es **fehlt**, was Emily und Lotta **sagen**.

▶ Lies den Lückentext **zweimal**. Dann schreibe hinein, was die beiden reden könnten.

Trotzdem schreit Lotta furchtbar. Emily sagt nur:

„ ______________________________

______________________________ “

Aber Lotta läuft in ein anderes Zimmer. Emily wartet, bis sie wieder kommt. Und nun schlägt Lotta vor:

„Wir spielen ______________________ “

Aber Emily mag nicht. Sie will auch einmal Bestimmerin sein. Sie sagt: „ ______________________

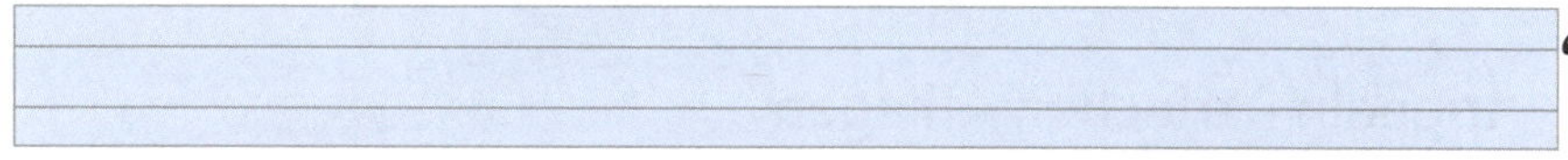

______________________________ “

Lotta ist einverstanden. Sie ist eine gute Freundin.

Wenn du eine Geschichte erzählst, musst du dir auch überlegen, **was** die Leute **reden** könnten.

Das richtige Wort finden

39 Da stimmt doch etwas nicht! Kannst du die Sätze richtig in dein Geschichtenheft schreiben?

Der Schmetterling springt in den Teich.

Der Frosch hoppelt über den Acker.

Der Hase flattert über die Wiese.

40 Setze diese Verben (Tunwörter) in der **richtigen Form** ein:

trippeln - kriechen - fliegen

Eine ____________ zur nächsten Blüte.

Eine ____________ über das Pflaster.

Eine ____________ über den Weg.

41 Suche **Wörter**, die passen. Tipp: Viele Wörter reimen sich.

Das ist gerade, das ist **schief**,

das ist hoch und das ist t______________,

das ist d______________, das ist **hell**,

das ist langsam, das ist ______________.

Das sind Haare, das ist **Haut**,

das ist **leise**, das ist ______________.

Das ist **groß** und das ist ______________.

Das ist mein Arm und das mein **Bein**.

Das ist n______________ und das ist **fern**,

und ich hab dich ja so ______________.

42 In jeder Gruppe von **Verben** und **Adjektiven** hat jeweils **ein** Wort eine andere Bedeutung. Streiche es durch.

weinen	lachen	leise	schwer
~~flüstern~~	schreien	still	schnell
schluchzen	kichern	schrill	rasch
heulen	grinsen	lautlos	geschwind

43 Selina hat eine Geschichte geschrieben.
Lies sie zunächst durch.

Wenn ich Oma besuche, ist das für mich ein Abenteuer. Zuerst **gehe** ich gebückt durch den Nachbargarten, denn der Nachbar schimpft, wenn er mich sieht. Dann **gehe** ich über eine hohe Gartenmauer. Es kann passieren, dass ich auf der Straße über einen Stein **gehe** und mich verletze. Das tut weh. Vor Omas Haus **gehe** ich dann über den Wassergraben. Ich läute und **gehe** die Treppe hinauf zu Oma im ersten Stock.

▶ Streiche in jedem Satz das Wort ~~gehen~~ durch und schreibe eines darüber, das **besser passt**. Hier findest du ein paar passende Ausdrücke, aus denen du auswählen kannst.

stolpern - klettern - schleichen - steigen - springen

Sich etwas Gruseliges ausdenken

44 Stell dir vor: Deine **Großeltern** leben in einem **alten Schloss**. Eine schmale Treppe führt zum Speicher. Opa sagt: „Da gehen wir nie hinauf, denn da oben spukt es.“ Im Bett vor dem Einschlafen stellst du dir vor, welche unheimlichen Wesen da oben hausen!

▶ Schreibe so viele schreckliche Gruselwesen auf, wie dir einfallen!

Eine Gespenstergeschichte

Dies ist der Anfang einer Gespenstergeschichte:

In den Sommerferien besuche ich meine Großeltern im Schloss. An einem dunklen Abend beschließe ich, allein auf den Speicher zu gehen.
Langsam steige ich die Treppe hinauf. Die alten Holzstufen knarren. Ich öffne vorsichtig die Speichertür. Sie quietscht unheimlich. Ängstlich trete ich ein. Plötzlich fällt die Tür hinter mir zu und es ist stockdunkel. ...

45 Schreibe jetzt die Geschichte weiter in dein **Geschichtenheft**. So kannst du beginnen:

Zitternd suche ich nach dem Lichtschalter, aber ...

Ein Bild für eine Geschichte

Das ist Jonas **auf dem Weg zur Schule**. Aber wer sitzt da im Wägelchen? Du siehst richtig: ein Engel, und zwar ein **Schutzengel**.

46 Schreibe eine Geschichte zu dem Bild.
Du hast **zwei** Möglichkeiten:

1. Du **denkst nach** und suchst nach einer **Schreibidee**.
Danach schreibst du deine Geschichte in dein **Geschichtenheft**.
Vergiss nicht einzuleiten (wer?, wann?, wo?) und kurz abzuschließen.

2. Wenn du **keine** Idee hast, dann findest du auf der nächsten Seite einen Vorschlag für deine Geschichte.
Lies zuerst, dann mache eine Geschichte daraus:

- Jonas wurde auf dem Schulweg schon einmal von einem Auto angefahren. Nun fürchtet er sich auf dem Schulweg.
- Wenn er zur Schule geht, zieht er ein Wägelchen hinter sich her. In dem sitzt sein Schutzengel. Und allein Jonas kann ihn sehen, niemand sonst.
- Was könnten Mama und Papa oder andere Kinder sagen oder sich denken, wenn Jonas mit dem Wägelchen kommt?

Schreibe in dein Geschichtenheft.
So kannst du beginnen:

Jonas fürchtet sich vor Autos. Fast wäre er einmal ...

Jonas' Geschichte hat noch keine **Überschrift**.

Eine Überschrift soll **neugierig** machen. Sie soll **kurz** sein und zur Geschichte **passen**. Danach steht **kein Punkt**.

47 Hier ein paar Vorschläge. Zwei Überschriften machen neugierig kreise sie ein.

Keiner versteht Jonas

Jonas mag Autos

Jonas geht zur Schule

Jonas' Geheimnis

Aufsatz

Deutsch 2. Klasse

Lösungen

Dieser Lösungsteil ist herausnehmbar!
Klammern in der Mitte des Heftes öffnen!

1 Dies ist natürlich nur ein Lösungsbeispiel:
Ich heiße **Sarah Lustig**.
Ich bin **7 Jahre alt**.
Ich kann gut **Rätsel lösen**.
Meine besten Freunde heißen **Jasmin und Susanne**.
Ich gehe **in die Eduard-Mörike-Schule in die 2. Klasse**.

2 Auch hier kann ich dir nur ein Beispiel geben:
1. Ich esse gerne Kirschen.
2. Ich lese gerade „Grüffelo“.
3. Meine Lieblingstiere sind Pferde und Eichhörnchen.
4. Besonders mag ich Reiten.

3 Ich lebe allein. Meistens **gehe** ich nachts auf Nahrungssuche. Am liebsten **fresse** ich Samen, Kräuter und Nüsse. Ich bin sehr reinlich und **putze** täglich mein Fell. Ich kann sogar im Wasser **schwimmen** und auf Bäume **klettern**. Mein Nest **baue** ich weit unter der Erde. Ich lebe am Waldrand, denn ich **fürchte** mich vor dem tiefen Wald. So sind wir Waldmäuse eben.

4 Rosis Fell ist **braun**. Ihre Ohren sind **groß** (**rund**, **rosa**). Sie trägt eine **gelbe** Hose. Ihr Schwanz ist **lang** (**gekringelt**).

5 Ein Mädchen hat geschrieben:
Ich habe **blaue** Augen und **braune** Haare. Besonders mag ich an mir **meinen Mund**.

6 Auch das ist nur ein Lösungsbeispiel:
Mein bester Freund heißt: **Moritz**
Er ist **sieben** Jahre alt.
Das mag ich an ihm: **Er ist nett und ehrlich. Ich kann mich auf ihn verlassen. Er ist lustig.**
Das kann mein Freund besonders gut: **Er spielt gut Fußball und schießt viele Tore.**
Das machen wir miteinander: **Wir lachen viel und machen auch mal Unsinn.**

7 Das hat Katharina geschrieben:

> Wenn ich groß bin, möchte ich eine tolle Arbeit haben. Ich wünsche mir zwei Kinder, einen lieben Mann und ein großes Haus. Außerdem möchte ich nach Österreich und in die Schweiz reisen.

Das hat Lukas geschrieben:

> Wenn ich erwachsen bin, werde ich Fußballreporter. Dann kann ich immer alle Fußballspiele im Stadion anschauen. Außerdem reise ich in viele Länder und lerne viele nette Leute kennen.

8 Dies sind ein paar Vorschläge:
2. Ich gehe mit Mama auf den Flohmarkt.
3. Mit Papa gehe ich ins Schwimmbad.

oder:
2. Ich esse mit meinen Freunden ein Eis.
3. Am Abend bringe ich Mama und Papa ins Bett und lese ihnen eine Geschichte vor.

9 Ein schwarzer Hund verfolgt Schlappohr.
Der Hund kommt näher und näher.
Schlappohr flieht auf eine Wiese (über eine Wiese).
Er springt immer hin und her.
Bald wird der Hund müde und kehrt um.

10 Ein Schlusssatz könnte zum Beispiel lauten:
Schlappohr ist erleichtert und ruht sich aus.

11 Noch einmal gut gegangen

Rosi wird von einem Hund verfolgt
(Diese Überschrift stimmt nicht. Schlappohr wird verfolgt, nicht Rosi.)

Eine Maus und ein Hase im Wald
(Diese Überschrift ist langweilig und passt nicht zur eigentlichen Geschichte.)

12 Dies sind acht Mini-Geschichten. Hast du ähnliche gefunden? Es gibt auch andere richtige Möglichkeiten.

Tom versteckt sich hinter der Hecke.
Tom beobachtet Miriam, Lina und Rafael.
Eine Katze jagt eine Maus.
Miriam füttert eine Amsel mit Brot.
Eine Schnecke kriecht auf einen Stein.
In der Hecke brütet ein Vogel in seinem Nest.
Lina und Rafael spielen Karten.
Rafael trinkt mit einem Strohhalm aus einer Dose.

13 So hast du es richtig gemacht:

- 3 Mia kniet sich dicht vor das kleine Tier.
- ~~Die Amselmutter kümmert sich nicht um ihr Junges.~~
- 4 Dann geht Mia weiter weg und die Amsel füttert ihr Junges.
- ~~Als Mia die Amsel nehmen will, fliegt sie weg.~~
- 1 Mia geht zur Schule.
- 2 Mia sieht eine junge Amsel, die auf der Wiese liegt.

14 Mia geht zur Schule. Sie sieht eine junge Amsel, die auf der Wiese liegt. Mia kniet sich dicht vor das kleine Tier. Dann geht sie weiter weg und die Amsel füttert ihr Junges.

15 Malte, Ole

16 In einer alten Hütte, auf der Wiese

17 Olga ist an **Pfingsten** fertig.

18 Es geht um die beiden Jungen **Malte** und **Ole**, die sich aus Schrottteilen eine **Flugmaschine** bauen. Leider **verschwindet** diese nach dem geglückten Start für immer.

19 Diese Einleitung passt:

Rosi liebt Kaugummis, weil man sie aufblasen kann. An einem Nachmittag ist sie allein zu Hause. Sie holt sich einen Kaugummi und kaut lange darauf herum.

20 Schließlich macht Rosi eine Blase und pustet immer mehr Luft hinein. Bald ist die Kaugummiblase größer als Rosi. Sie hält sie mit beiden Händen, damit sie nicht zerplatzt. Zuletzt wird Rosi auch noch zwischen Blase und Wand eingeklemmt.

21 Oje! Was soll Rosi bloß tun? Sie schreit: „Verdammt. Eingeklemmt!“ Dabei öffnet sie den Mund. Die Luft zischt und entweicht. Die Kaugummiblase fällt zusammen. Rosi ist wieder frei.

22 ☒ Rosi bläst einen Kaugummi auf
☒ Vom Kaugummi eingeklemmt
☒ Rosi mag keine Kaugummis

23 Sicher hast du deine Geschichte gut überarbeitet.

24 Von Zeile 7 an passt der Text nicht mehr.

25 So stimmt der Schluss der Geschichte:

David ist ein guter Freund. Auch er ist müde. Trotzdem zieht er Sebastian und die beiden Schlitten nach Hause. Ist eigentlich Sebastian ein guter Freund?

26

27 1. Bild: Bruno bringt viele Luftballons für Rosi und Schlappohr mit.

2. Bild: Rosi will alle Luftballons halten und Bruno gibt sie ihr.

3. Bild: Schon schwebt die kleine Rosi mit den Luftballons davon.

4. Bild: Aber Schlappohr flattert mit den Ohren, fliegt Rosi nach und holt sie sicher zur Erde zurück.

5. Bild: Jetzt ist Rosi mit nur einem Luftballon glücklich.

28 An einem schönen Sommertag besucht der Bär Bruno seine Freunde Schlappohr und Rosi.

29 Alle drei freuen sich und sind glücklich, dass Rosi sicher auf der Erde gelandet ist.

30 Hier zwei Beispiele:
Ein toller Rettungsflug
Rosi will alles haben

31 Bruno: Wer ist das? oder: Wer ist Bruno?
Freunde: Wie heißen die Freunde? oder:
Was sind das für Freunde?
Geschenk: Was ist das für ein Geschenk?

32 Dieser Satz müsste schon in der Einleitung nach dem ersten Satz stehen:

Die beiden haben es sich in ihren Liegestühlen gemütlich gemacht.

33 Dieser Satz stimmt nicht:

~~Sie weint, weil sie nicht mehr alle Luftballons selbst halten darf.~~

Rosi weint nicht, wie man auf dem letzten Bild sehen kann.
Stattdessen passt dieser Satz: Sie hält nun glücklich einen Luftballon.

34 Die Überschrift passt nicht, weil Schlappohr Rosi wieder heil zur Erde zurückbringt. Besser wäre diese Überschrift: Glück gehabt.

35 Rosi fragt: „**Piep! Wer bist du denn?**“
Schlappohr beruhigt ihn: „**Hab keine Angst vor uns!**“
Da sagt der Dicke: „**Ich bin ein Bär und heiße Bruno.**“
Schlappohr aber meint: „**Du bist kein Bär, sondern ein Angsthase.**“

36 Bruno möchte bei Rosi und Schlappohr bleiben. Schließlich ziehen sie alle zusammen weiter.

37 ... Emily schlägt vor: „Spielen wir Ball.“ Aber Lotta schnattert: „Nein, wir spielen jetzt Puppen.“ Also spielen sie Puppen, aber vorher sagt Emily noch: „Immer bist du die Bestimmerin.“ Lotta tut, als hörte sie nichts. Doch sie ist nicht schwerhörig. Nach einer Weile, wenn Emily das Puppenspielen auch Spaß macht, sagt Lotta: „Jetzt spielen wir Ball.“ Da nimmt Emily den Ball und wirft ihn Lotta an den Kopf. ...

38 Das könnten die beiden sagen:
Trotzdem schreit Lotta furchtbar. Emily sagt nur: „**Das hat dir gar nicht wehgetan.**“ Aber Lotta läuft in ein anderes Zimmer. Emily wartet, bis sie wieder kommt. Und nun schlägt Lotta vor: „Wir spielen **Mensch ärgere dich nicht.**“ Aber Emily mag nicht. Sie will auch einmal Bestimmerin sein. Sie sagt: „**Nein, wir spielen jetzt mit Bausteinen.**“ Lotta ist einverstanden. Sie ist eine gute Freundin.

39 **Der Frosch** springt in den Teich.
Der Hase hoppelt über den Acker.
Der Schmetterling flattert über die Wiese.

40 Eine Biene **fliegt** zur nächsten Blüte.
Eine Maus **trippelt** über das Pflaster.
Eine Schnecke **kriecht** über den Weg.

41 Das ist gerade, das ist schief,
das ist hoch und das ist **tief**,
das ist **dunkel**, das ist hell,
das ist langsam, das ist **schnell**.
Das sind Haare, das ist Haut,
das ist leise, das ist **laut**.
Das ist groß und das ist **klein**.
Das ist mein Arm und das mein Bein.
Das ist **nah** und das ist fern,
und ich hab dich ja so **gern**.

42

weinen	lachen	leise	~~schwer~~
~~flüstern~~	~~schreien~~	still	schnell
schluchzen	kichern	~~schrill~~	rasch
heulen	grinsen	lautlos	geschwind

43 … Zuerst ~~gehe~~ schleiche ich gebückt durch den Nachbargarten, denn der Nachbar schimpft, wenn er mich sieht. Dann ~~gehe~~ klettere ich über eine hohe Gartenmauer. Es kann passieren, dass ich auf der Straße über einen Stein ~~gehe~~ stolpere und mich verletze. Das tut weh. Vor Omas Haus ~~gehe~~ springe ich dann über den Wassergraben. Ich läute und ~~gehe~~ steige die Treppe hinauf zu Oma im ersten Stock.

44 Hier ein paar Vorschläge:
ein schleimiges Monster, ein böser Magier, eine alte Hexe, ein grüner Kobold, ein dreiköpfiger Hund, ein schwarzer Sensenmann, eine giftige Monsterschlange, ein unheimliches Gespenst, eine haarige Spinne

45 Zitternd suche ich nach dem Lichtschalter, aber ich finde ihn nicht. Durch die Mauerspalten kommt etwas Licht. Sausen da nicht gruselige Schatten herum? Wo ist denn bloß die Tür? Die Schatten sehen aus wie Krokodile mit spitzen Zähnen. Plötzlich höre ich ein dumpfes Geräusch, dann ein Klopfen. Ich glaube, mein Herz bleibt stehen. Die Tür bewegt sich. „Opa!“, schreie ich und liege glücklich in seinen Armen.

46 Jonas fürchtet sich vor Autos. Fast wäre er einmal auf dem Schulweg überfahren worden. Seitdem zieht Jonas ein Wägelchen hinter sich her, wenn er zur Schule geht. Keiner weiß, warum. „Was soll das?“, fragt Papa. Im Schulhof lachen die Kinder: „Seht euch den Jonas an! Der braucht einen Anhänger für sein Pausenbrot!“ Jonas denkt sich: „Lacht, so viel ihr wollt.“ Niemand kann sehen, wer in dem Wägelchen sitzt. Nur Jonas. Es ist sein Schutzengel. Jonas und er passen auf, dass sie kein Auto anfährt. So fühlt sich Jonas sicher und es ist ihm egal, was die anderen sagen.

Bilder für dein Geschichtenheft

So geht's:

Schneide deine Lieblingsmotive aus und klebe sie auf dein Geschichtenheft. Du kannst dein Geschichtenheft so verzieren, wie du möchtest. Zum Teil kannst du die Bilder auch ausmalen.

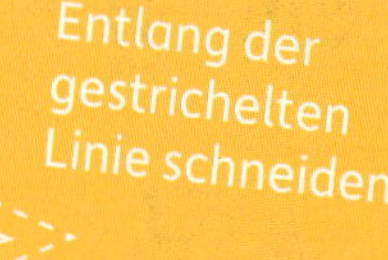

Geschichtenheft von:

gemeinsam wachsen lernen
hauschkaverlag

47 Nur diese beiden Überschriften machen neugierig:

Keiner versteht Jonas

Jonas' Geheimnis

Diese passt überhaupt nicht: Jonas mag Autos

Diese Überschrift ist langweilig: Jonas geht zur Schule

48 Die Lehrerin schimpft Alexander.
Hanna muss nach der Schule warten, bis ihre Eltern nach Hause kommen.
Ein Auto fährt Felix an.

49

	richtig	falsch
1. Ich steige aus dem Auto nur auf der **Gehwegseite** aus.	☒	○
2. Bei **kurzen** Autofahrten schnalle ich mich nicht an und brauche auch keinen Kindersitz.	○	☒
3. Wenn ich aus dem Bus ausgestiegen bin, gehe ich **niemals vor** dem Bus über die Straße.	☒	○
4. Wenn die Ampel für Fußgänger Grün zeigt, darf ich gehen, **ohne** nach **links** und **rechts** zu schauen.	○	☒
5. Ich **renne niemals** auf die Straße, der **Bordstein** ist die **Grenze**.	☒	○
6. Wenn ich mit anderen Kindern unterwegs bin, muss ich **nicht** so **vorsichtig** sein.	○	☒

50 Rosis Wort heißt **Winter**.

51 Hast du an die Punkte nach jedem Satz gedacht?
Reiten liebe ich.
Ohne mein Pferd wäre ich traurig.
Schon mit fünf lernte ich Reiten.
Am ersten Tag fürchtete ich mich.

52 Papa ist mein Fußballtrainer.
Aber er hat wenig Zeit.
Uta heißt meine Schwester.
Leider mag sie Fußball nicht.

53 Für diese Aufgabe gibt es natürlich keine Lösung,
weil ich deinen Namen nicht kenne.

54 Muh, muh, muh – so ruft im Stall die **Kuh**.
Miau, miau so schreit kein **Pfau**.
Wiedewiedewenne heißt meine kleine **Henne**.
Zisch, zisch, zisch – glatt wie ein **Fisch**.

55 Storch, Storch guter,
bring mir einen Bruder.
Storch, **Storch** bester,
bring **mir eine Schwester**.

56 Kunterbunt heißt Nachbars Hund.

57 Dies ist nur ein Lösungsvorschlag:

In meinem Haus,
da **lese** ich,
da **spiele** ich,
da **renne** ich.

In meinem Haus,
da **rede** ich,
da **schweige** ich,
da **arbeite** ich.

58 Hier steht, was andere Kinder geschrieben haben:

In meinem Traum, da bin ich eine Meerjungfrau.
In meinem Traum, da lebe ich in einem Schloss.
In meinem Traum, da heirate ich eine Prinzessin.

Und wenn ich will, dann kann ich fliegen.
Und wenn ich will, dann kann ich klettern.

59
- Wie viele **Wörter** hat das Elfchen? → **11 Wörter**
- Aus wie vielen **Zeilen** besteht es? → **aus 5 Zeilen**
- Wie viele **Wörter** stehen in jeder Zeile?

1. Zeile: 1 Wort
2. Zeile: 2 Wörter
3. Zeile: 3 Wörter
4. Zeile: 4 Wörter
5. Zeile: 1 Wort

60 klein
die Maus
sie feiert heute
ich schenke eine Nuss
Geburtstag

61 lustig
der Drachen
wie er steigt
und flattert im Wind
Herbsttag

62 Diese Elfchen haben andere Kinder gedichtet:

Familie	Gedicht	Eltern
Mama, Papa	meine Mama	Papa, Mama
ich freue mich	sie ist schön	ich mag euch
ich hab euch lieb	ich habe sie lieb	ihr seid immer nett
Ronja	Mama	meistens

63 Mein Lieblingstier ist der **Fuchs**.

64 Rosis Tier ist der **Hase Schlappohr**.

65 1. Das Tier ist ziemlich **groß**.
2. Es hat **zwei lange**, **rote** Beine.
3. Das Gefieder ist **weiß**, die Flügel **schwarz**.
4. Es hat einen **langen**, **roten** Schnabel.

5. Sein Nest **baut** es auf Dächern und Türmen.

Die Lösung heißt: **Storch**.

66
1. Das Tier ist sehr **groß**.
2. Die Farbe des Tieres ist **grau**.
3. Seine Ohren sind **riesig**.
4. Sein Rüssel ist **lang**.
5. Das Tier hat **mächtige** Stoßzähne.

67 Ich kenne natürlich dein Lieblingstier nicht. Ich habe eines aufgeschrieben, das ich gerne mag. Rate doch!

1. Das Tier hat vier Beine.
2. Oft hat es Hörner.
3. Sein Fell ist dicht und oft weiß.
4. Es lebt meistens auf der Weide und frisst Gras.
5. Wir Menschen bekommen von dem Tier Wolle.

Mein Lieblingstier ist ein **Schaf**.

68 Diese Informationen musstest du unterstreichen:

Janek hat ihn zum Mittagessen eingeladen.
Um 14:30 Uhr ist er wieder zu Hause.

69 Liebe Mama,
Janek hat mich zum Mittagessen eingeladen. Ich bin um 14:30 Uhr wieder zu Hause.
Bis später
Manuel

70 Lieber Papa,
ich bin mit Mia beim Eisessen und danach noch bei ihr zum Spielen. Ich komme um 17:30 Uhr wieder nach Hause.
Bis dann
Nina

71

20. Januar 2014

Hallo Lilly!
Ich möchte dir etwas erzählen. Vor ein paar Tagen war ich im Eisstadion beim Schlittschuhlaufen. Plötzlich stolperte ich und stürzte. Mein linker Fuß schmerzte. Ich konnte nicht aufstehen. Nette Leute brachten mich zu einer Bank. Ich rief Papa an. Er holte mich ab und fuhr mich zum Arzt, der mich gleich röntgte. Zum Glück war der Fuß nur verstaucht. Wann besuchst du mich einmal?
Ich denke oft an dich und vermisse dich sehr.
Viele Grüße
Jonas

72 Rosi lädt ihre Freunde zum **Geburtstag** ein.
Sie feiert sobald **Vollmond ist**.
Es dauert von **Mondaufgang bis Monduntergang**.
Treffpunkt ist vor **der Eiche** bei Rosis **Nest**.
Geplant ist eine **Dschungelparty**.

73 ☒ **Telefonnummer** des einladenden Kindes
☒ **bis wann** man **zusagen** oder **absagen** soll

74 Lieber **Simon**,
ich lade Dich zu meinem **Geburtstag** ein.
Wir feiern am **12. April** bei mir zu Hause.
Adresse: **Alte Bergstraße 145**.
Die Feier dauert von **15** bis **18** Uhr.
Bitte gib mir bis **8. April** Bescheid, ob Du kommst.
Dies ist meine Telefonnummer **7508**.
Wir wollen draußen spielen. Bring bitte **feste Schuhe und warme Kleidung** mit.
Ich freue mich auf Dich!
Dein **Emil**

75 Hier ein Beispiel:

Liebe Amelie,
ich lade Dich zum Feenfest auf Schloss Märchenwald (Dieselstraße 50, Telefon 23239) ein. Die Party findet am 15. Juni von 16 bis 19 Uhr statt. Eingeladen sind alle, die zum Feenvolk gehören, also Nixen, Wassermänner, Elfen, Riesen, Zwerge und andere Geister.
Bitte entsprechende Verkleidung mitbringen.
Sag mir bis zum 8. Juni, ob Du kommst. Ich würde mich freuen.
Deine Marie

76

Hund entlaufen

Unser mittelgroßer weißer Spitz ist verschwunden. Er hört auf den Namen Flocke. Er trägt ein rotes Halsband mit einer Hundemarke. Darauf steht unsere Telefonnummer: 6408.
Bitte melden Sie sich bei Leo Bach, Rosenweg 1.
Wer Flocke findet, erhält eine **Belohnung**!

77 Ich sehe einen weißen, mittelgroßen Hund.
Er hat ein rotes Halsband mit einer Hundemarke.

78 Wer findet unsere Katze?
Seit Samstag, den 15. August, ist unsere liebe Katze verschwunden.
Sie hört auf den Namen Kikki. Ihr Fell ist schwarz, nur am Hals und an den Pfoten ist es weiß. Sie ist etwas scheu.
Der Finder erhält eine Belohnung!
Johannes Vogl, Richard-Wagner-Str. 14, Tel. 2251813

79 1. Es ist ein **blaues** Ding aus **Holz**, mit dem du schreibst.
Es heißt **Bleistift**.

2. Es ist ein **weißes** Ding aus **Gummi**, mit dem du Geschriebenes wieder entfernst. Es heißt **Radiergummi**.

3. Es ist ein **rotes** Ding aus **Papier**, in das du zum Beispiel Texte schreibst. Es heißt **Heft**.

80 1. Es ist ein grünes Ding aus Metall für Tee oder Saft. Es heißt Trinkflasche (Getränkeflasche).

2. Es ist ein blaues Ding aus Stoff für deine Sportkleidung.
Es heißt Sportbeutel (Turnsäckchen).

81 Ich habe mein **rotes** Federmäppchen verloren. Auf der Oberseite sieht man ein **Pferd**. Es ist hellbraun, nur seine Mähne und sein **Schweif** sind **dunkelbraun**. Die beiden Klappen meines Federmäppchens sind mit hellem **Leder** eingefasst.

82 Pausenbox verloren!

Seit gestern ist meine weiße Pausenbox verschwunden. Darauf ist ein lustiger Affe zu sehen, der eine Banane in seiner linken Hand hält. Daneben steht: Esst mehr Obst.
Anton, Klasse 2a

83

84 Rüssel: **lang** Füße: **winzig**
Ohren: **groß** Schwanz: **kurz**

85 Kopf: **blau** Ohren: **rosa**
Augen: **schwarz** Rüssel: **grau**
Der Körper hat viele Farben. Er ist **bunt**.

86 Zoes Lieblingskuscheltier ist ein bunter **Elefant**. Er hat einen **blauen** Kopf mit **großen**, rosafarbenen Ohren. Seine Augen sind **schwarz**. Die Farbe des Rüssels ist **grau**. Sein Körper ist ziemlich **bunt**.

87 Das Lösungswort heißt: T O M A T E.

88 1. **Messer** 2. **Schneidebrett**

89 5 Tomaten, 1 Bund Basilikum, 1 Mozzarella, Salz, Pfeffer, Essig, Olivenöl

90 Zuerst wasche ich die Tomaten und das Basilikum.
Anschließend schneide ich die Tomaten in Scheiben.
Danach pflücke ich vom Basilikum Blätter ab.
Jetzt schneide ich den Mozzarella in Scheiben.
Nun richte ich alles schön auf einem Teller an.
Zum Schluss streue ich nach Bedarf Salz und Pfeffer darüber. Ich gebe noch etwas Essig und Olivenöl dazu.

91

1. Zuerst schneidet man zwei gleich große Kreise aus dem gelben Filzstoff aus.
2. Anschließend streicht man auf den ersten Kreis aus Filzstoff genügend Klebstoff.
3. Danach legt man die Trinkhalme wie Sonnenstrahlen auf den ersten Kreis.
4. Jetzt streicht man den Klebstoff auf den zweiten Kreis aus Filzstoff.
5. Nun klebt man den zweiten Kreis auf die Trinkhalme und den ersten Kreis.
6. Anschließend schneidet man noch die Augen und den Mund aus dem blauen und schwarzen Filzstoff aus.
7. Zuletzt klebt man Augen und Mund auf die Sonne.

92 Natürlich hast du das Rätsel gelöst: **der Schneemann**.

93 Das braucht man, um einen Schneemann zu bauen:
Hut – Schnee – Kohlen – Rübe – Besen

94

95 Zuerst forme ich drei Schneekugeln für den Körper des Schneemanns. Danach stelle ich diese Kugeln aufeinander. In den Kopf drücke ich Kohlen für die Augen und den Mund, dazwischen die Rübe als Nase. Jetzt forme ich die Arme. Ein Arm hält den Besen. Zuletzt setze ich dem weißen Mann den Hut auf den Kopf. Fertig ist mein Schneemann!

Fehler mit Folgen

48 Wir alle machen Fehler. So wie Alexander, Hanna oder Felix. In den folgenden Sätzen steht, welche Fehler diese Kinder machen. Welche **Folgen** könnten ihre Fehler haben? Schreibe jeweils einen Satz dazu auf.

- **Alexander** hat seine Hausaufgaben nicht gemacht.

- In der Schule merkt **Hanna**, dass sie den Hausschlüssel vergessen hat. Die Eltern sind in der Arbeit.

- **Felix** will die Straße überqueren. Er vergisst nach links und rechts zu schauen und läuft einfach los.

Auf der nächsten Seite geht's weiter!

Viele Fehler, die wir machen, haben keine schlimmen Folgen. Aber manche kleine Unachtsamkeit kann unserer Gesundheit schaden oder uns sogar das Leben kosten. Um solche Fehler geht es in der folgenden Tabelle.

49 Die Sätze in der Tabelle sind entweder richtig oder falsch. **Kreuze** an, was zutrifft.

	richtig	falsch
1. Ich steige aus dem Auto nur auf der **Gehwegseite** aus.	○	○
2. Bei **kurzen** Autofahrten schnalle ich mich nicht an und brauche auch keinen Kindersitz.	○	○
3. Wenn ich aus dem Bus ausgestiegen bin, gehe ich **niemals vor** dem Bus über die Straße.	○	○
4. Wenn die Ampel für Fußgänger Grün zeigt, darf ich gehen, **ohne** nach **links** und **rechts** zu schauen.	○	○
5. Ich **renne niemals** auf die Straße, der **Bordstein** ist die **Grenze**.	○	○
6. Wenn ich mit anderen Kindern unterwegs bin, muss ich **nicht** so **vorsichtig** sein.	○	○

Pass im Straßenverkehr immer gut auf!

Ein bisschen Spaß: Schreibspiele

Ein Akrostichon schreiben

Weißt du, was ein **Akrostichon** ist?

Ich weiß es! Ein altes Schreibspiel, eine Art Gedicht. Ich denke mir ein **Wort** aus und schreibe die Buchstaben untereinander. Dann schreibe ich zu jedem Buchstaben etwas Passendes zu dem Wort. Ich probier's gleich mal aus!

Wie es heute schneit!
Im Garten ist das Grün verschwunden.
Noch ist der Schnee nass.
Tannen und Fichten werden weiß.
Es wird Zeit, einen Schneemann zu bauen.
Rodeln und Skifahren liebe ich.

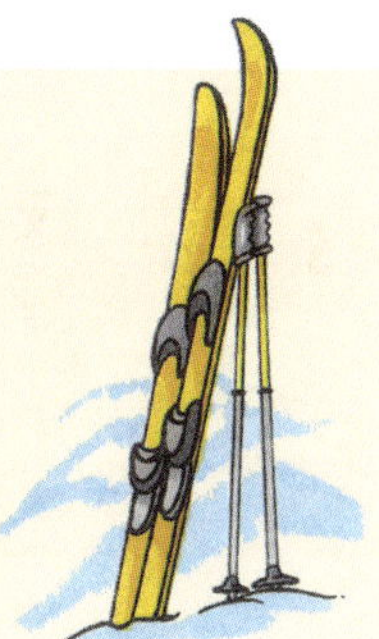

50 Zu welchem Wort hat Rosi ein Akrostichon geschrieben? Lies die roten Buchstaben von oben nach unten, dann weißt du es.

Rosis Wort heißt ______________________.

51 **Rosa** will aus diesen Sätzen ein Akrostichon zu ihrem Namen machen:

Ich liebe **R**eiten.
Traurig wäre ich **o**hne mein Pferd.
Reiten lernte ich **s**chon mit fünf.
Ich fürchtete mich **a**m ersten Tag.

▶ **Stelle** die **vier** Sätze richtig **um**:

Reiten liebe ______________.

Ohne ______________

____

Schon ______________

____

Am ______________

____

52 Auch **Paul** überlegt sich ein Akrostichon:
Kannst du seine Sätze so umstellen, dass sie mit den Buchstaben seines Namens (**P – A – U – L**) beginnen?

Mein Fußballtrainer ist **P**apa.
Er hat aber wenig Zeit.
Meine Schwester heißt Uta.
Sie mag Fußball leider nicht.

53 Schreibe jetzt ein Akrostichon zu **deinem** Vornamen.

- Schreibe die Buchstaben deines Namens in deinem Geschichtenheft **untereinander**.

- Erfinde jetzt **passende** Sätze dazu.
- Wenn das bei deinem Namen zu schwierig ist, dann kannst du auch MAMA, PAPA oder den Namen deines besten Freundes nehmen.

Lustige Gedichte zu Tieren

54 In jeder Zeile gibt es ein **Tier** als Reimwort:

Muh, muh, **muh** – so ruft im Stall die K ______.

Miau, **miau** so schreit kein Pf ______.

Wiedewiede**wenne** heißt meine kleine ______.

Zisch, zisch, **zisch** – glatt wie ein ______.

55 Kannst du dieses Kindergedicht fertig schreiben?

Storch, Storch guter,

bring mir einen Bruder.

St ______, St ______ bester,

bring ______.

56 Stelle den Satz um:

Nachbars Hund heißt Kunterbunt.

______

______

Gedichte schreiben

Gedichte müssen sich nicht immer reimen!

▶ Lies dieses Gedicht von Gina Ruck-Pauquèt:

Hausspruch

1. In meinem Haus,
   da wohne ich,
   da schlafe ich,
   da esse ich.
   Und wenn du willst,
   dann öffne ich
   die Tür
   und lass dich ein.

2. In meinem Haus,
   da lache ich,
   da weine ich,
   da träume ich.
   Und wenn ich will,
   dann schließe ich
   die Tür
   und bin allein.

57 Jetzt darfst du in jeder Strophe **drei** Zeilen verändern.
Was machst du in deinem Haus? Fülle die Lücken aus.

In meinem Haus,
da ______ ich,
da ______ ich,
da ______ ich.

In meinem Haus,
da ______ ich,
da ______ ich,
da ______ ich.

▶ Lies dein Gedicht deinen Eltern oder Freunden vor.

58 Jetzt darfst du neue Gedichtzeilen schreiben. Diesmal schreibst du, wer du im **Traum** bist und was du kannst.

Rosi sagt: **„In meinem Traum, da bin ich eine Königin.“**

▶ Was könntest du sein? Schreibe einen oder zwei Sätze:

In meinem

Rosi sagt: **„Und wenn ich will, dann kann ich zaubern.“**

▶ Was könntest du im Traum? Schreibe zwei Sätze:

Und wenn

Dein Gedicht darf sich natürlich reimen. Das ist aber nicht leicht. Im Reimen bin ich gut: **Maus** reimt sich auf ... Verflixt, gestern hab ich's noch gewusst.

Für kleine Dichter: Elfchen

Ein **Elfchen** ist ein besonderes Gedicht. Rosi hat für ihren besten Freund Hase Schlappohr ein Elfchen geschrieben. Lies es dir durch:

lustig
der Schlappohr
er blickt sanft
ich mag ihn sehr
Freund

59 Für ein Elfchen gibt es **genaue Regeln**. Wenn du die folgenden Fragen beantwortest, kennst du diese Regeln. Dann kannst du selbst ein Elfchen schreiben.

- Wie viele **Wörter** hat das Elfchen? ______

- Aus wie vielen **Zeilen** besteht es? ______

- Wie viele **Wörter** stehen in jeder Zeile?

1. Zeile: ☐ Wort

2. Zeile: ☐ Wörter

3. Zeile: ☐ Wörter

4. Zeile: ☐ Wörter

5. Zeile: ☐ Wort

Ein Elfchen heißt so, weil es aus 11 Wörtern besteht!

▶ Lies dir durch, was du in einem **Elfchen** schreiben kannst:

wie etwas ist (= 1 Wort):	**schön**
was es ist (= 2 Wörter):	**das Veilchen**
dazu etwas sagen (= 3 Wörter):	**es duftet süß**
von sich erzählen (= 4 Wörter):	**ich pflücke es nicht**
ein Wort zum **Schluss** (= 1 Wort):	**Frühling**

60 **Schlappohr** dichtet ein Elfchen zu **Rosis** Geburtstag. Kannst du ihm helfen? Ordne die Wortbausteine. Achte auf die Anzahl der Wörter in jeder Zeile:

klein

die Maus

sie feiert heute

ich schenke eine Nuss

Geburtstag

61 Schreibe jetzt ein **Elfchen** zum Thema Herbst in dein Geschichtenheft. Die Wörter im Drachen können dir helfen. Wenn du Lust hast, kannst du die Seite noch schön verzieren.

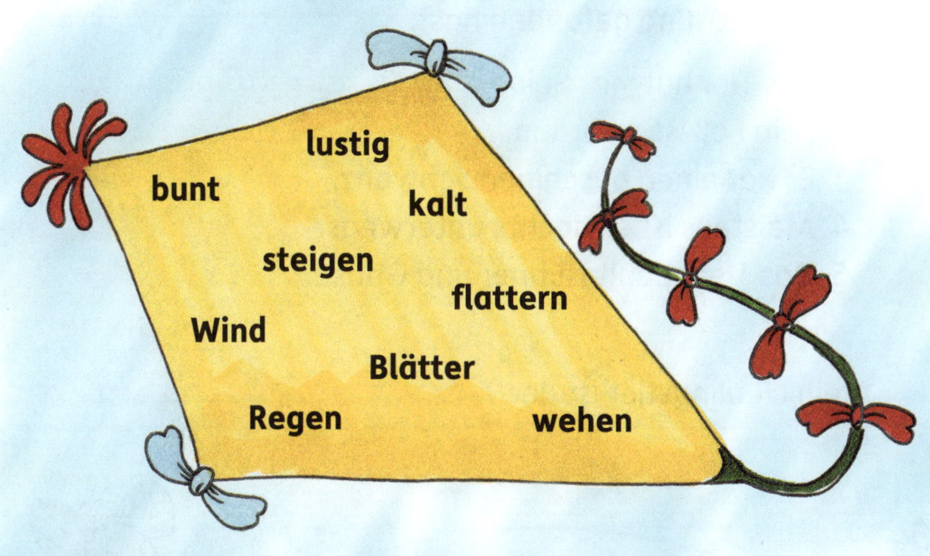

62 Wenn du Lust hast, dann überlege dir doch nun noch ein **Elfchen** zu Mama und Papa. Sammle zunächst Stichpunkte und beginne dann zu schreiben. Schreibe in dein **Geschichtenheft**.

Tierrätsel

63 Hast du ein **Lieblingstier**? Meines verrät dir das **Rätsel**.

▶ Decke zuerst das ganze Rätsel mit einem Blockblatt zu. Jetzt lies die **erste** Zeile, dann die **zweite**, so lange, bis du die Lösung gefunden hast.

1. Das Tier hat vier Beine.
2. Sein Fell ist rotbraun.
3. Es hat einen buschigen Schwanz.
4. Meistens ist es nachts unterwegs.
5. Das Tier stiehlt Hühner und Gänse.

Mein Lieblingstier ist der ______________________.

64

Ich habe auch ein
Tierrätsel für dich:
1. Das Tier ist braun.
2. Es hat vier Pfoten.
3. Seine Ohren sind lang.
4. Es frisst gerne rote Rüben.
5. Er ist mein bester Freund.

Wie heißt das Tier, das Rosi beschreibt?

____

65 Stelle das nächste **Tierrätsel** deinen Eltern. Fülle vorher die **Lücken** aus.

1. Das Tier ist ziemlich gr________.

2. Es hat zw________ la________, ro________ Beine.

3. Das Gefieder ist w________, die Flügel ________.

4. Es hat einen l________, r________ Schnabel.

5. Sein Nest b________ es auf Dächern und Türmen.

Die Lösung heißt: ________________.

66 Im nächsten Tierrätsel soll ein **Elefant** erraten werden.

▶ Schreibe in jede Zeile **einen** vollständigen Satz.
Verwende die Wörter aus dem Wortspeicher.

grau - groß - lang - mächtig - riesig

1. Das Tier ist sehr ______________________.

2. Die Farbe des Tieres ist ______________________.

3. Seine Ohren sind ______________________.

4. Sein Rüssel ist ______________________.

5. Das Tier hat ______________________ Stoßzähne.

▶ Lass jemanden raten.

67 Jetzt kannst du ein Tierrätsel erfinden,
in dem **dein Lieblingstier** erraten werden soll.

▶ In jede Zeile schreibst du nur **einen** Satz.

▶ Stelle Sätze, die das Raten **leicht** machen, ans **Ende**.

▶ Verwende verschiedene Satzanfänge.

▶ Diese Fragen könntest du in deinem Rätsel beantworten:
Wie sieht das Tier aus? - Wo lebt es? - Was frisst es?

Informierendes Schreiben

Eine Notiz schreiben

Als Manuel um halb eins von der Schule heimkommt, ist Mama noch nicht da. Das ist schade, denn sein Freund Janek hat ihn zum Mittagessen eingeladen. Janeks Mutter kocht so gut. Was soll Manuel tun? Wenn Mama heimkommt und er nicht da ist, macht sie sich Sorgen. Jonas überlegt. Es gibt nur eine Möglichkeit: Er muss Mama eine kurze Nachricht hinterlassen, eine Notiz. Um 14:30 Uhr ist er wieder zu Hause.

68 Unterstreiche im Text die **zwei** Sätze, in denen steht, was Mama unbedingt wissen muss.

Eine Notiz ist eine kurze Nachricht. Achte darauf, dass sie alle wichtigen Informationen enthält.

69 Schreibe nun die Notiz in dein **Geschichtenheft**.
Schreibe so:

Liebe Mama!
Janek hat mich zum ...
Bis später ...

▶ Lies das folgende Gespräch zwischen Nina und ihrer Mama.

Nina: „Mama, darf ich mit Mia zum Eisessen gehen und nachher noch mit ihr spielen?“

Mama: „Von mir aus gerne. Aber um 17:30 Uhr bist du wieder zu Hause. Du solltest nämlich noch vor dem Abendessen dein Zimmer aufräumen. Und schreib Papa bitte einen Zettel, da ich auch gleich weg muss.“

70 Hilf Nina und verfasse eine kurze Notiz für ihren Papa. Denke daran, dass alle wichtigen Informationen enthalten sind.

Briefe machen Freude

Julian schreibt einen Brief an seine Freundin Lilly.
Er will ihr von seinem Erlebnis beim Schlittschuhlaufen erzählen. Damit er nichts vergisst, hat er diese **Stichwörter** aufgeschrieben:

Schlittschuhlaufen im Eisstadion - gestürzt - am linken Fuß verletzt - von netten Leuten zu einer Bank gebracht - von Papa abgeholt - zum Arzt gefahren - geröntgt - Fuß nur verstaucht

71 Stell dir vor: **Du** bist Jonas und schreibst den Brief an Lilly.
Schreibe ihn in dein Geschichtenheft.
So baust du den Brief auf:

Rechts steht das Datum.

20. Januar 2014

Links steht die Anrede.

Hallo Lilly!

Ich möchte dir etwas erzählen. Vor ein paar Tagen war ich im Eisstadion beim ...

Viele Grüße ← Nach deinem Brieftext folgt der Gruß.

Jonas ← Darunter setzt du deine Unterschrift.

Jonas steckt den Brief in einen **Briefumschlag**. Links oben steht **seine Adresse**. Rechts unten der **Empfänger**, der seinen Brief erhalten soll, also Lilly. Mit der **Briefmarke** bezahlt er die Post dafür, dass sie den Brief Lilly bringt.

Jonas Holzapfel
Gimpelstr. 1
15890 Vogelsang

Lilly Birnbaum
Schalenweg 7
86974 Apfeldorf

Vielleicht hast du nun Lust bekommen, deinem Freund oder deiner Freundin einen Brief zu schreiben.
Viel Spaß dabei!

Wann bekomme ich endlich einen Brief von Schlappohr oder Bruno? Aber der fürchtet sich bestimmt auch noch vor einem Briefkasten.

Freunde einladen

Zu ihrem 2. Geburtstag lädt Rosi ihre Freunde Schlappohr und Bruno ein.

Liebe Freunde,
ich lade Euch herzlich zu meinem Geburtstag ein.
Ich feiere sobald Vollmond ist. Die Party dauert von Mondaufgang bis Monduntergang. Wir treffen uns vor der Eiche bei meinem Nest. Wir machen eine lustige Dschungelparty.
Eure Rosi

72 **Ergänze** die Sätze mit Hilfe des Textes:

Rosi lädt ihre Freunde zum ______ ein.

Sie feiert sobald ______.

Es dauert von ______

______.

Treffpunkt ist vor ______ bei Rosis ______.

Geplant ist eine ______.

73 Dies alles sollte in einer **Einladung** stehen.
Was fehlt in Rosis Einladung? Kreuze an:

- ◯ **wozu** man eingeladen wird
- ◯ **wer** einlädt
- ◯ **Telefonnummer** des einladenden Kindes
- ◯ **wann** man da sein soll
- ◯ **wann** es endet
- ◯ **wo** es stattfindet
- ◯ **was** gemacht wird
- ◯ **bis wann** man **zusagen** oder **absagen** soll

Muss **ich** eine
Telefonnummer haben?

74 Schreibe mit Hilfe des Lückentextes eine **Einladung** zu deiner **Geburtstagsfeier**.

Liebe(r) ____________________,

ich lade Dich zu meinem ____________________ ein.

Wir feiern am ____________________ bei mir zu Hause.

Adresse: ____________________.

Die Feier dauert von ______ bis ______ Uhr.

Bitte gib mir bis ______ Bescheid, ob Du kommst.

Dies ist meine Telefonnummer ______.

Wir wollen **draußen** spielen. Bring bitte ______

______ mit.

Ich freue mich auf dich!

Dein(e) ______

75 Schreibe jetzt selbstständig eine Einladung zu einem Fest, zum Beispiel zu einem **Ritterfest** oder zu einem **Feenfest**. Auch ein anderes Fest ist möglich. Dabei ist wichtig, wie sich die Kinder **anziehen** und was sie **mitbringen** sollen.

- Schreibe deine Einladung ins Geschichtenheft!
- Gestalte deine Einladung schön! Du kannst sie mit einem schönen Rahmen verzieren oder ein Bild dazu malen.

Wo ist Flocke?

Hund entlaufen

Unser mittelgroßer weißer Spitz ist verschwunden. Er hört auf den Namen Flocke. Er trägt ein rotes Halsband mit einer Hundemarke. Darauf steht unsere Telefonnummer: 6408.
Bitte melden Sie sich bei Leo Bach, Rosenweg 1.
Wer Flocke findet, erhält eine **Belohnung**!

76 Unterstreiche im Text **nur die Informationen**, die helfen, den Hund zu **finden** und dem Besitzer **zurückzugeben**.

77 Stelle dir vor, du siehst Flocke etwas von dir entfernt in der Fußgängerzone. Beschreibe kurz, wie er **aussieht**:

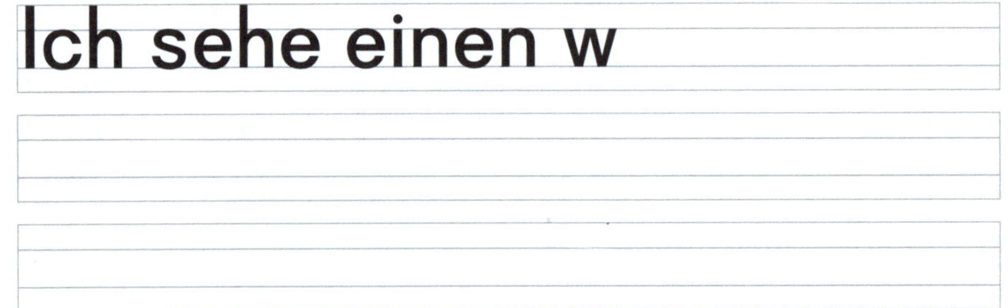

Unsere Katze ist verschwunden

Diese Katze ist entlaufen.
Auf einer **Suchanzeige** steht:

- seit **wann** sie verschwunden ist,
- auf welchen **Namen** sie hört,
- die **Farbe** ihres **Fells**,
- die **Farbe** von **Hals** und **Pfoten**,
- ob sie **zutraulich** ist oder **scheu**,
- ob der Finder eine **Belohnung** erhält,
- **Name**, **Adresse** und **Telefonnummer** des **Besitzers**.

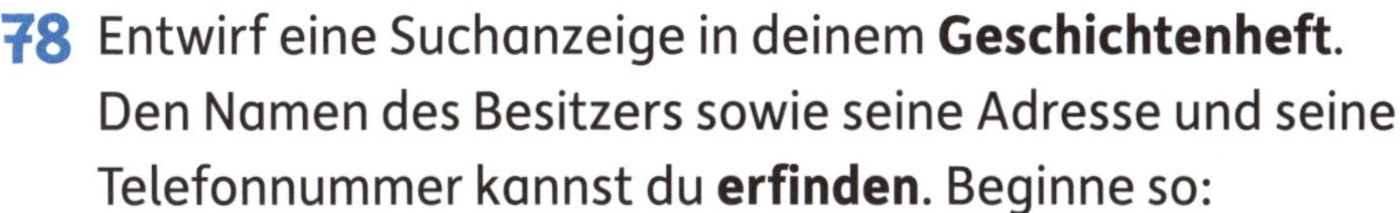

78 Entwirf eine Suchanzeige in deinem **Geschichtenheft**. Den Namen des Besitzers sowie seine Adresse und seine Telefonnummer kannst du **erfinden**. Beginne so:

Wer findet unsere Katze?
Seit Samstag, den 15. August, ist ...
Sie hört auf den Namen ...

Gegenstände kann man beschreiben

79 Diese **Gegenstände** verwendest du in der Schule:

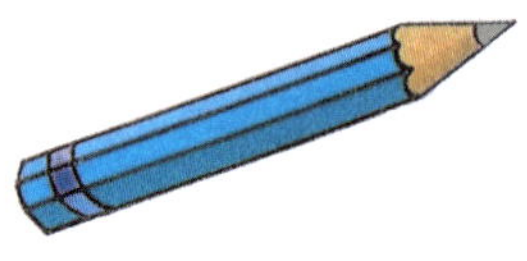
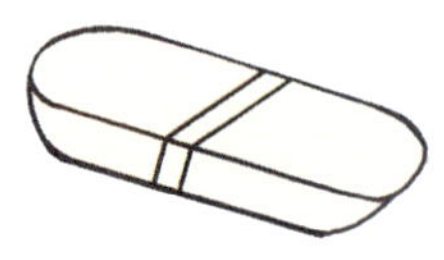

Jedes Ding hat eine **Farbe**, ist aus **Papier**, **Gummi** oder **Holz** und hat einen **Namen**. Fülle die Lücken aus:

1. Es ist ein bl______ Ding aus H______, mit dem du schreibst. Es heißt B______.

2. Es ist ein ______ Ding aus ______, mit dem du Geschriebenes wieder entfernst. Es heißt ______.

3. Es ist ein ______ Ding aus ______, in das du zum Beispiel Texte schreibst. Es heißt ______.

Auch diese Gegenstände brauchst du für die Schule:

Die Wörter in dieser Tabelle passen dazu. Lies sie durch:

Farbe	Material	Du brauchst es für
blau	Metall	Tee oder Saft
grün	Stoff	Sportkleidung

80 Schreibe jetzt dazu Sätze wie in Aufgabe **79** auf. Wie die Dinge **heißen**, also ihre **Namen** musst du selbst herausfinden. Schreibe in dein Geschichtenheft.
So kannst du beginnen:

Es ist ein grünes Ding aus ...

Beschreibe bei Gegenständen vor allem die Farbe, das Material und wofür du den Gegenstand benutzt.

Eine Suchanzeige für einen Gegenstand schreiben

81 Julia hat ihr Federmäppchen verloren. Sie schreibt eine **Suchanzeige**. Ergänze die fehlenden Wörter.

Schweif - Leder - dunkelbraun - rot - Pferd

Ich habe mein ________ Federmäppchen verloren. Auf der Oberseite sieht man ein ________.

Es ist hellbraun, nur seine Mähne und sein ________ sind ________.

Die beiden Klappen meines Federmäppchens sind mit hellem ________ eingefasst.

Julia, Klasse 2b

82 Anton sucht seine Pausenbox. Kannst du eine Suchanzeige in dein **Geschichtenheft** schreiben?

Ein Bild beschreiben

Zoe hat ihr Lieblingskuscheltier gemalt. Es ist ein Elefant. Wie sieht er aus?

83 Schreibe die **Namen** der Körperteile auf die Linien.

84 Die **Größe** der Körperteile kann man mit **Adjektiven** angeben. Schreibe die folgenden passend in die Lücken:

winzig - kurz - groß - lang

Rüssel: ______ Füße: ______

Ohren: ______ Schwanz: ______

85 Welche **Farben** haben die Körperteile des Kuscheltiers?

Kopf: ______ Ohren: ______

Augen: ______ Rüssel: ______

Der Körper hat **viele** Farben. Er ist ______.

86 Beschreibe jetzt Zoes Elefanten. Beginne so:

Zoes Lieblingskuscheltier ist ein bunter ______.

Er hat einen ______ Kopf mit ______,

rosafarbenen Ohren. Seine Augen sind ______.

Die Farbe des Rüssels ist ______.

Sein Körper ist ziemlich ______.

Ein gesundes Salatrezept

87 Elias bereitet Tomatensalat mit Mozzarella zu. Leider stehen die Bilder in der **falschen Reihenfolge**. **Ordne** sie **richtig**. Die Buchstaben ergeben das **Lösungswort**.

5 Tomaten in Scheiben schneiden

Bund Basilikum, Tomaten waschen

Basilikum, Blätter abpflücken

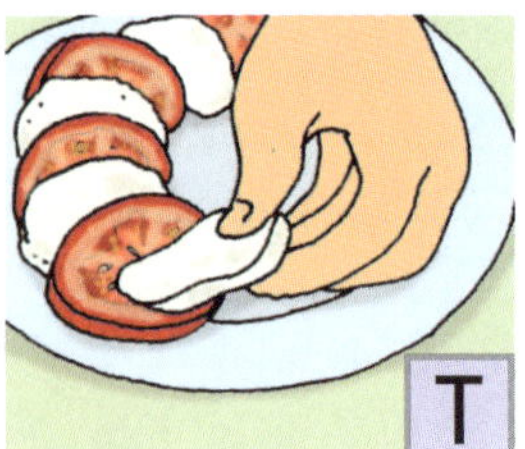

Teller anrichten

Salz, Pfeffer, Essig, Olivenöl dazugeben

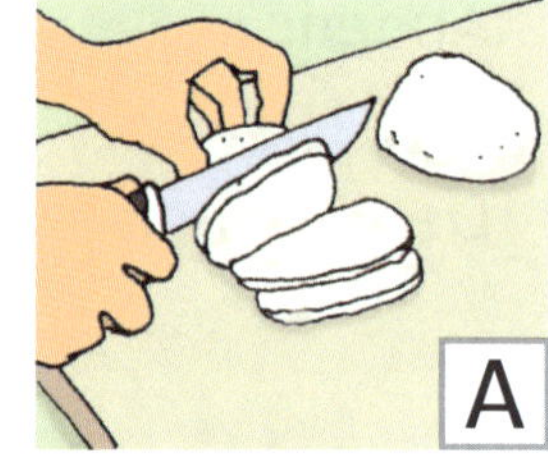

Mozarella in Scheiben schneiden

Das **Lösungswort** heißt: 

.

Der Salat schmeckt so gut, dass Elias für seine Freundin Laura das Rezept aufschreibt.

88 In einem Rezept soll stehen, welche **Arbeitsgeräte** gebraucht werden. Sieh dir vor allem das erste Bild auf Seite 68 genau an, dann weißt du es.

1. 2.

89 Wichtig sind die **sieben** verschiedenen Zutaten. Du kennst sie, wenn du liest, was **unter** den Bildern auf der vorherigen Seite steht.

90 Jetzt kommt das Wichtigste: **Wie** wird der Salat zubereitet? **Was** könnte Elias geschrieben haben?
Die **Stichwörter unter** den **Bildern** helfen dir.
Schreibe in dein **Geschichtenheft**. Beginne so:

Zuerst wasche **ich** die Tomaten und ...

danach - anschließend - jetzt - nun - **zum Schluss**

Eine Bastelanleitung

Maria hat eine Sonne gebastelt.
Für ihre Freundin schreibt sie auf,
wie das geht. Kannst du ihr helfen?

Am Anfang steht, was man braucht:
Schere - gelbe und rote Trinkhalme - gelben, blauen und schwarzen Filzstoff - Kleber

91 Beschreibe in **ganzen** Sätzen, **wie** die Sonne in **einzelnen** Schritten angefertigt wird. Schreibe in dein **Geschichtenheft**.

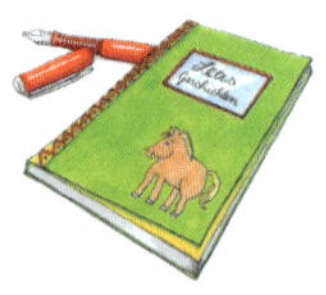

1. ausschneiden - zwei gleich große Kreise - gelber Filzstoff

Zuerst schneidet **man** ...

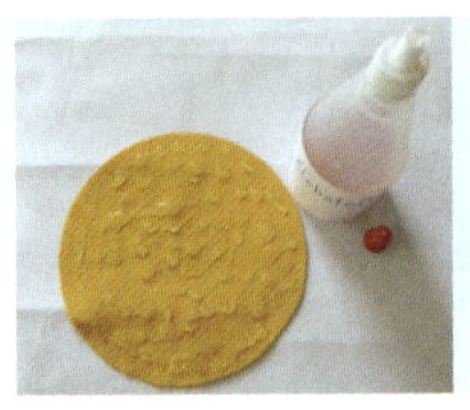

2. streichen - erster Kreis aus Filzstoff - genügend Klebstoff

Anschließend streicht **man** auf ...

Die **restlichen Sätze** leitest du mit diesen Wörtern ein:

danach - nun - jetzt - schließlich - zuletzt

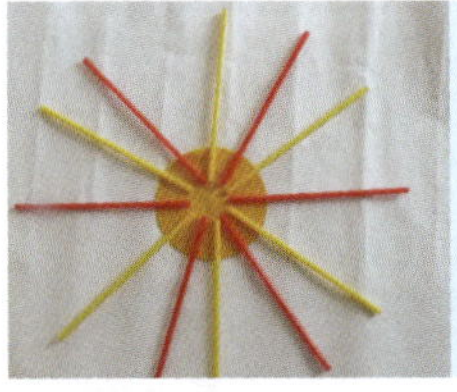

3. legen - Trinkhalme - wie Sonnenstrahlen - auf erster Kreis

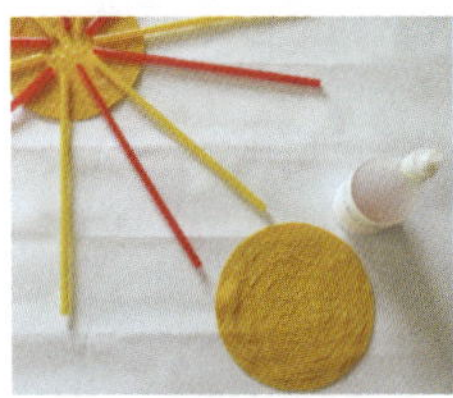

4. streichen - Klebstoff - zweiter Kreis aus Filzstoff

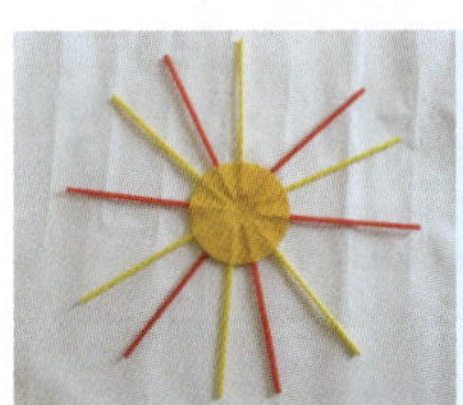

5. kleben - zweiter Kreis - auf Trinkhalme - auf erster Kreis

6. ausschneiden - Augen - Mund - blauer und schwarzer Filzstoff

7. kleben - Augen und Mund - auf Sonne

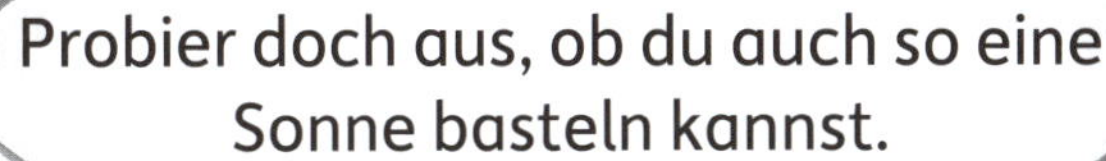

Eine Bauanleitung

92 Kannst du dieses Rätsel lösen? Lies dir das Gedicht durch.

Ein Riese aus Schnee gemacht,
steht fest wie aus Beton.
doch wenn die Sonne lacht,
fließt er schnell davon.

Wer ist dieser Riese? ____________________

93 Schreibe auf, was du **brauchst**, um so einen Mann zu **bauen**. Schreibe **richtig** mit Hilfe der Buchstaben.

94 Jetzt denke nach, in welcher **Reihenfolge** du den Schneemann baust.

▶ Nummeriere die folgenden Bilder in der richtigen Reihenfolge.

95 Nun schreibe eine Bauanleitung für einen Schneemann in dein **Geschichtenheft**.
Beschreibe Bild für Bild in der richtigen Reihenfolge.

Für jeden neuen Satz kannst du eins von Rosis Wörtern verwenden (Seite 69). Beginne so:

Zuerst forme ich drei Schneekugeln für den Körper des Schneemanns.

Merksätze zu Geschichten

Hier sehe ich nach:
bevor ich **anfange**,
während der **Arbeit**,
wenn ich **fertig** bin.

1. Überschrift →	So ein Reinfall
Sie macht **neugierig**, **passt** zum Inhalt und soll **kurz** sein.	

2. Einleitung: So fange ich meine Geschichte an!

Gestern kaufte	ich	im Kaufhaus	ein Spielzeugauto.
Wann?	**Wer**?	**Wo**?	**Was**?

3. Hauptteil: Fragen und **Ausrufe**

Ob ich mich hier zurechtfinde**?** Dieses Auto gefällt mir**!**

4. Hauptteil: Was die Leute reden

„Spielwaren findest du in der ersten Etage.**“**

„In der Packung ist alles, was man braucht.**“**

5. Schluss: So schließe ich meine Geschichte ab!

So etwas passiert mir hoffentlich nicht noch einmal!

Merksätze zu informierenden Texten

1. Was für **alle Sachtexte** gilt:
Schreibe in **kurzen** Sätzen auf, was **wichtig** ist. Achte auf die **richtige Reihenfolge**.

2. Ein **Rezept** oder eine **Bastelanleitung** aufschreiben
Schreibe zuerst die **Zutaten/Materialien** auf: Man braucht Butter, Zucker, Milch, Mehl, Kakaopulver.
Dann erklärst du die **Zubereitung/Arbeitsschritte**: Zuerst rührt man Butter und Zucker schaumig. Dann ...

3. Eine **Einladung** schreiben	
Wer wird eingeladen? →	Liebe **Zoe**!
Wozu wird eingeladen? →	**Zu meinem Geburtstag**
Wann (Anfang, Ende)? →	**Von 15 bis 17 Uhr**
Wo findet etwas statt? →	**Herderstraße 4**
Was wird gemacht?	**Ritterfest**
Telefonnummer?	**Absagen unter 34551**
Wer lädt ein? →	**Karlotta**

4. Karten und **Briefe** schreiben	
Datum	24. Mai 20..
Anrede	Liebe ..., Hallo ...
Grußformel	Viele (liebe, herzliche) Grüße
Unterschrift	(Dein) Benedikt

Stichwortverzeichnis